Maria Stürzebecher

Der jüdische Hochzeitsring aus dem Erfurter Schatz

Inhaltsverzeichnis

Der jüdische Hochzeitsring

Im Keller des Museums Alte Synagoge wird ein außergewöhnliches Kunstwerk ausgestellt – ein jüdischer Hochzeitsring aus purem Gold, der als Teil des sogenannten Erfurter Schatzes 1998 in der Erfurter Michaelisstraße entdeckt wurde. Der Ring stammt mit seiner hoch aufragenden Miniaturarchitektur aus dem zweiten Viertel des 14. Jahrhunderts, ist 4,7 cm hoch, wiegt 23 Gramm und besteht zu 85 bis 88 % aus reinem Gold. Für Schmuck werden heute üblicherweise Goldgehalte von 58,5 % bzw. 75 % verwendet. Auch im Vergleich mit anderen mittelalterlichen Schmuckstücken zeichnet sich der Erfurter Hochzeitsring durch einen ungewöhnlich hohen Goldgehalt aus, was wohl seine besondere Bedeutung widerspiegelt.

Der von zwei geflügelten Drachen getragene Tempel auf dem Ringkopf besticht durch seine fein gearbeitete Miniaturarchitektur. Der Aufbau des Ringkopfes ist sechsseitig mit identischen Seiten: Über spitzbogigen Arkaden erhebt sich jeweils ein krabbenbesetzter Dreiecksgiebel mit einem eingeschriebenen Dreiblatt. Der Giebel wird von einer Kreuzblume bekrönt und von Fialen flankiert. Auf dem Firstpunkt des hexagonalen Zeltdachs sitzt ein kugelförmiger, sechsseitiger Knauf. Auf den glatten Dachflächen ist in sechs hebräischen Buchstaben die Inschrift *mazal tov* eingraviert. Die Unterseite des Reifs schmücken zwei ineinandergelegte Hände. Dieses Motiv ist als Sinnbild ehelicher Treue von zeitgenössischen christlichen Liebes- und Hochzeitsringen bekannt, die auch bereits in spätrömischer Zeit auftraten. Innerhalb des Häuschens befindet sich eine kleine goldene Kugel, die bei Bewegung einen leisen, hellen Klang erzeugt.

Brigitte Stefan © Thüringisches Landesamt für Denkmalpflege und Archäologie

Jüdischer Hochzeitsring aus dem Erfurter Schatz (erste Hälfte des 14. Jahrhunderts).

Mit seinem tempelartigen Ringkopf gehört der Erfurter Ring zu einer Gruppe mittelalterlicher Hochzeitsringe aus Aschkenas, dem mitteleuropäischen jüdischen Kulturraum. Diese Gruppe hat die längste nachweisbare Tradition, deren Ursprünge jedoch weitgehend im Dunkeln liegen, so dass nicht exakt bestimmt werden kann, seit wann Ringe in diesem Zusammenhang genutzt wurden.

Weder Bibel noch Talmud erwähnen einen Ring in der Hochzeitszeremonie. In der Bibel gibt es keine Vorschriften oder andere Angaben zum Hochzeitsritual, die Eheschließung wird als Rechtsgeschäft angesehen, dessen konkrete Ausformung jedoch nicht beschrieben wird. Erst die Mischna, die erstmalige Verschriftlichung der mündlichen Tora mit den religionsgesetzlichen Traditionen des Judentums, legte die Elemente der jüdischen Heirat fest: Auf die Verlobung (*erusin*), die schon als rechtlich verbindliches Eheversprechen galt, folgte ein Jahr später die eigentliche Vermählung (*nissu'in*). Im Laufe der Zeit verbanden sich beide Zeremonien, seit dem Mittelalter fanden *erusin* und *nissu'in*, Eheversprechen und dessen Erfüllung, am gleichen Tage statt. Die Mischna legt den symbolischen Brautpreis auf eine Perutah fest, die kleinste zu dieser Zeit genutzte Münze. Seit dem 7. Jahrhundert wurde dieser Preis in Form eines silbernen oder goldenen Ringes vor Zeugen vom Bräutigam an die Braut übergeben.

Spätestens seit dem 10./11. Jahrhundert war die Verwendung von Ringen dann fester Bestandteil von Hochzeitszeremonien. Diese Tradition breitete sich im Mittelalter in ganz Europa aus. Seit dem Mittelalter war es üblich, dass der Ring aus reinem Gold ohne Edelsteinbesatz gefertigt wurde. Aus dem Jahr 1400 ist die Beschreibung einer aschkenasischen Vermählung überliefert. Ein Schüler von Rabbi Jakob haLevi Molin (Akronym Maharil; ca. 1375–1427) beschreibt die feierliche Zeremonie: Nachdem der Rabbiner den Segen gesungen hatte, rief er zwei Zeugen. Er zeigte ihnen den Vermählungsring und ließ sie bestätigen, dass dieser einen bestimmten Wert habe. Dann forderte er sie auf, genau zuzusehen, wie der Bräutigam die Vermählung mit den Worten vollzog: ›Durch diesen Ring seiest Du mir angetraut nach dem Gesetz Moses' und Israels‹. Dieser steckte daraufhin den Ring der Braut an den Zeigefinger. Diese Handlung zeigt auch eine Szene aus der Zweiten Nürnberger Haggada, einem um 1470 entstandenen illustrierten Buch für das Pessachfest. Bräutigam und Braut, welche ihr offenes Haar mit einem Diadem geschmückt hat, stehen sich gegenüber, und der Mann steckt einen sehr großen, einfachen Ring an den ausgestreckten Zeigefinger ihrer rechten Hand. Nach aschkenasischem Brauch wird der lange Zipfel (*cornette*) der weichen Kappe (*chaperon*) des Bräutigams der Braut auf den Kopf gelegt. Das Paar wird von zwei Zeugen flankiert, einer hält einen Becher.

Die Nennung bzw. Darstellung der Zeugen verdeutlicht, dass es sich bei der Übergabe des Ringes nicht nur um einen

© Sofer Collection London

Mittelalterliche Hochzeitsszene aus der Zweiten Nürnberger Haggada (um 1470).

symbolischen Akt, sondern auch um ein Rechtsgeschäft handelte. Der Ring ging mit dem Anstecken an den Finger in den Besitz der Braut über und musste einen bestimmten Wert haben, den Zeugen bekundeten. Aus diesem Grund war es nach jüdischem Recht (*Halachah*) üblich, dass der Ring aus reinem Gold ohne Edelsteinbesatz gefertigt wurde, da die meisten Menschen wie die Zeugen und die Braut nicht in der Lage gewesen wären, den tatsächlichen Wert eines (Edel-)Steins zu bestimmen. Der Wert und das Material des Ringes sind daher im mittelalterlichen Europa immer wieder Gegenstand rabbinischer Rechtsgutachten. Nach den bekannten Rechtsgutachten konnte eigentlich jeder einfache Goldring (nach Ansicht mancher Rabbiner auch Silber-, silbervergoldete oder sogar Kupferringe) während der Zeremonie als Ehering dienen. Sicherlich wurden solche einfachen Ringe spätestens seit dem Mittelalter auch zu diesem Zweck verwendet. Allerdings können diese nicht als Trauringe identifiziert werden, wenn sie keine entsprechenden Markierungen bzw. Inschriften aufweisen. Abgesehen vom Verbot der Verwendung von Edelsteinen, gibt es keine spezifische Vorschrift, die Auskunft über das Aussehen dieser Ringe gibt. Auch beschreibt keine der überlieferten Quellen die bei der Zeremonie verwendeten

Ringe näher – mit einer Ausnahme: In einem Rechtsgutachten von Maharam Minz (um 1420–1482) wird bereits im 15. Jahrhundert ein Ring mit der eingravierten hebräischen Inschrift m(azal) t(ov) erwähnt. Die einzigen bekannten Ringe mit dieser Inschrift sind Ringe mit Miniaturarchitektur als Ringkopf, wie wir sie seit dem Mittelalter kennen. Daher können diese Ringe eindeutig als jüdische Hochzeitsringe identifiziert werden. Dieser Typ hat die längste nachweisbare Tradition.

Erste motivische Vorläufer der Hochzeitsringe mit Miniaturgebäuden stammen bereits aus spätrömischer Zeit. Aus dem 6. bis 8. Jahrhundert sind aus Frankreich und Italien Ringe mit einfachen kleinen Häuschen-artigen Ringköpfen bekannt, die spitze oder kuppelförmige Dächer tragen. Das Motiv wiederholt sich an griechischen, byzantinischen und ostgermanischen Ringen desselben Zeitraums. Ob diese frühen Ringe besondere Funktionen hatten und welche das möglicherweise waren, ist nicht belegt. Ein jüdischer Hintergrund ist schon bei diesen frühen Ringen nicht ausgeschlossen, auch wenn sie keine hebräischen Inschriften tragen. Nahezu gleichzeitig zu ihrem Auftreten, das heißt seit dem 7. oder 8. Jahrhundert, sind Ringe im jüdischen Hochzeitsritus nachweisbar. Es ist auch vorstellbar, dass dieser frühe Typus im Verlauf des Mittelalters durch die europäischen Juden übernommen wurde und sich zu der typisch jüdischen Ringform entwickelte.

Bisher sind vier jüdische Hochzeitsringe aus dem Mittelalter bekannt, alle tragen Miniaturgebäude als Ringkopf. Das älteste Beispiel ist der goldene Ring aus dem 1863 entdeckten Schatz von Colmar. Der schmale Reif mit Löwenköpfen an den Ringschultern trägt ein kleines, sechsseitiges Gebäude mit umlaufenden rundbogigen Arkaden aus Golddraht. Auf dem Dach des sechsseitigen Miniaturgebäudes erscheint vor abwechselnd rotem opaken und ehemals grünem durchsichtigen Email in sechs hebräischen Buchstaben die Inschrift *mazal tov*. Das heißt wörtlich übersetzt »guter Stern«, bedeutet im übertragenen Sinn »viel Glück« und ist ein traditioneller Glückwunsch bei jüdischen Hochzeiten. Die gedrungene Form

Jüdischer Hochzeitsring aus dem Schatz von Colmar (um 1300).

des Ringes ist noch dem Stil des 13. Jahrhunderts verhaftet, doch spricht die Verwendung von transparentem Email auf den Dachflächen für eine Entstehung bald nach 1300.

Der in diesem Heft behandelte Ring aus dem Schatzfund von Erfurt stammt mit seiner hoch aufragenden Miniaturarchitektur aus dem zweiten Viertel des 14. Jahrhunderts. Ihm steht der Ring aus dem Weißenfelser Fund von 1826 zeitlich nahe, auch wenn er weitaus einfacher und weniger qualitätvoll in der Ausführung ist. Der glatte, schmale Reif trägt ein kleines kapellenartiges Gebäude mit einem einfachen Satteldach und umlaufenden spitzbogigen Arkaden, die Giebelseiten mit dem eingeschriebenen Dreipass sind krabbenbesetzt. Auch hier findet sich die eingravierte hebräische Inschrift *mazal tov* auf dem Dach. Im Inneren des Häuschens befindet sich – ähnlich wie bei dem Erfurter Ring – ein kleines, bei Bewegung klapperndes Stück Silberblech.

Mit seinen turmartigen, hoch aufragenden Fialen über dem sehr kleinen Häuschen und den flankierenden Voluten markiert ein goldener Ring aus der Schatzkammer der Wittelsbacher in München die Übergangszeit von der Spätgotik zur Renaissance (entstanden um 1500). Dieser Ring wird bereits im Inventar von 1585 beschrieben als ein *alter [...] guldener Ring, welcher an statt des Stains gemacht, als ein claines Thürml, mit 5 Spüzen, auf den seithen seind etlich hebereische Buochstaben.* Diese hebräische Inschrift *mazal tov* befindet sich auf der Innenseite des Reifs.

Aus späteren Zeiten sind jüdische Hochzeitsringe mit dem kleinen Gebäude auf der Ringplatte öfter überliefert – immer den herrschenden Moden und Zeitstilen entsprechend gearbeitet und verziert. In der Renaissance nimmt das Gebäude antikisierende Formen an und im Barock umgeht man das Verbot von Edelsteinen durch die reiche Verwendung von farbigem Email. Im Historismus des 19. Jahrhunderts greift man unter anderem auf hochmittelalterliche Vorbilder zurück. Auffällig ist, dass einige der Hochzeitsringe des 19. Jahrhunderts stark an mittelalterliche Ringe erinnern, was nahelegt, dass im

Brigitte Stefan © Thüringisches Landesamt für Denkmalpflege und Archäologie

Jüdischer Hochzeitsring aus dem Weißenfelser Schatz (erste Hälfte des 14. Jahrhunderts).

19. Jahrhundert möglicherweise noch Ringe dieses Typus als Vorlagen vorhanden gewesen sind. Ein besonders augenfälliges Beispiel ist ein goldener jüdischer Hochzeitsring im Kölnischen Stadtmuseum, der in seiner Ausführung dem Erfurter Hochzeitsring sehr ähnlich ist, nach der Materialanalyse aber erst nach 1820 entstanden sein kann. Die Tradition der Häuschen-Ringe ist bis heute lebendig und Ringe dieses Typus werden immer noch hergestellt und bei Hochzeiten verwendet.

Ringe mit Miniaturgebäuden als Ringkopf stellen einen der Haupttypen jüdischer Hochzeitsringe dar, wenn auch andere Formen nachweisbar sind. Mit den Ringen aus Colmar, Weißenfels und Erfurt hat dieser Typus allerdings die längste nachweisbare Tradition in Mitteleuropa, die also mindestens bis ins Mittelalter zurückreicht. Diese Ringe besitzen mit ihrer besonderen Form des Ringkopfes eine typisch jüdische, jeweils dem herrschenden Zeit- und Regionalstil angepasste Formensprache. Obwohl Mikroarchitektur in der mittelalterlichen Goldschmiedekunst ein weit verbreitetes Phänomen ist, gibt es seit dem Mittelalter keinerlei vergleichbare christliche Ringe. Damit stellen die architektonischen Ringe als jüdische Kunstwerke eine Besonderheit dar. Die für diesen Ringtyp typische Inschrift *mazal tov* in hebräischen Buchstaben findet sich bei den Ringen aus Colmar, Erfurt und Weißenfels auf dem Dach und dem etwas jüngeren in München auf der Innenseite der Ringschiene. Ein Ring mit der eingravierten hebräischen Inschrift *mazal tov* wird bereits im 15. Jahrhundert in einem Rechtsgutachten von Maharam Minz erwähnt. Zwei der drei Ringe des 14. Jahrhunderts weisen zudem eine weitere Gemeinsamkeit auf: durch eine goldene Kugel bzw. ein kleines Stück Silberblech im Inneren des Miniaturgebäudes konnten die Ringe aus Erfurt und Weißenfels bei Bewegung einen Klang erzeugen, wodurch möglicherweise zusätzliche Aufmerksamkeit auf die Zeremonie bzw. auf die Braut gelenkt werden konnte.

Brigitte Stefan © Thüringisches Landesamt für Denkmalpflege und Archäologie

Die jüdischen Hochzeitsringe aus den Schätzen von Erfurt, Colmar und Weißenfels (vor 1349).

Der Erfurter Schatz

Der jüdische Hochzeitsring ist das wichtigste Objekt im sogenannten Erfurter Schatz, der 1998 bei Ausgrabungsarbeiten des Thüringischen Landesamtes für Denkmalpflege und Archäologie unweit der Alten Synagoge im ehemaligen jüdischen Quartier entdeckt wurde. Die Funde gehören heute zur Sammlung des Landesamtes. Unter der Mauer eines Kellerzugangs waren Silbergeschirr und Schmuckstücke, silberne Münzen und Barren vergraben worden. Sowohl die Münzen als auch die Goldschmiedearbeiten stammen aus dem Ende des 13. und der ersten Hälfte des 14. Jahrhunderts. Der Fundort liegt in dem Viertel, in dem im Mittelalter die Erfurter Juden

Brigitte Stefan © Thüringisches Landesamt für Denkmalpflege und Archäologie

Der Erfurter Schatz.

wohnten. Auch Teile des Schatzinventars, vor allem ein jüdischer Hochzeitsring, sprechen für eine jüdische Herkunft. So liegt die Vermutung nahe, dass der Schatz aus Angst vor dem Pogrom vom 21. März 1349 verborgen worden war. Der Schatz hat ein Gesamtgewicht von etwa 28 Kilogramm. Er besteht aus 3142 französischen Silbermünzen, sogenannten Tournosen (Gros tournois), 14 silbernen Barren sowie mehr als 700 außergewöhnlichen gotischen Goldschmiedearbeiten wie Silbergeschirr, Ringen und Broschen, Gürtelteilen und Gewandschmuck.

Zu den elf silbernen Gefäßen gehören ein aus zwei kugeligen Silbergefäßen zusammen gesetztes Doppelgefäß, ein sogenannter Doppelkopf, eine flache Trinkschale, eine Kanne und acht ineinander passende Becher. Sie bilden einen Satz, der in seinem Umfang einzigartig ist. Die Form der Erfurter Becher orientiert sich an der von Glasbechern des 13. und 14.

Brigitte Stefan © Thüringisches Landesamt für Denkmalpflege und Archäologie

Vierpassförmige Brosche aus dem Erfurter Schatz.

Jahrhunderts. Verziert sind die Becher mit umlaufenden spitzbogigen Arkaden, die eingraviert und anschließend vergoldet worden sind. Sie stammen aus der ersten Hälfte des 14. Jahrhundert. Doppelköpfe sind eine gebräuchliche Gefäßform des 14. und 15. Jahrhundert, gängigste Materialien waren Silber oder Wurzelholz. Der Erfurter Doppelkopf besteht aus zwei einzelnen Gefäßen, von denen eines wie ein Deckel auf das andere passt. Beide sind jeweils unter dem Fuß und im Inneren am Gefäßboden mit farbig emaillierten Scheiben verziert, die Fabeldarstellungen zeigen. Bei der Auffindung war der Doppelkopf geschlossen, in ihm hatte der Besitzer bei der Verbergung des Schatzes Schmuckstücke verwahrt.

Darunter fanden sich insgesamt acht Broschen verschiedener Größe und Form. Zwei große Broschen gehören zu einer Gruppe aus dem späten 13. Jahrhundert, die durch sehr ähnliche, filigrane Tierdarstellungen sowie den Besatz mit farbigen Steinen und Perlen gekennzeichnet ist.

Den zahlenmäßig größten Anteil am Erfurter Schatz machen Gürtelteile und Gewandbesatz mit über 600 Fragmenten aus. Aus je drei Schnallen und Riemenzungen sowie silbernen Gürtelapplikationen lassen sich vier Gürtel rekonstruieren, die der damaligen Mode entsprechend sehr lang waren. Die Besatzteile waren ehemals mit einem Niet an der farbigen seidenen Gürtelborte angebracht. Als Gewandbesatz dienten gestanzte Motive aus vergoldetem Silberblech, die auf feine Gewänder aufgenäht wurden.

Nach Ausstellungen in Paris, New York und London ist der Erfurter Schatz heute in dem Museum Alte Synagoge Erfurt zu sehen, das ein Schlaglicht auf die besondere Geschichte der jüdischen Gemeinde von Erfurt im Mittelalter wirft.

Norman Hera © Stadtverwaltung Erfurt

Der Erfurter Schatz im Keller des Museums Alte Synagoge.

Die jüdische Gemeinde von Erfurt im Mittelalter

Bereits seit früher Zeit war Erfurt in wirtschaftlicher, politischer und kultureller Hinsicht die zentrale Stadt im thüringischen Raum. Am Kreuzungspunkt wichtiger Handelswege gelegen, entwickelte sich Erfurt im Laufe des Mittelalters zum mitteldeutschen Handelszentrum. Seit dem späten 10. Jahrhundert stand Erfurt unter der weltlichen Herrschaft des Erzbischofs von Mainz. Doch zu Beginn des 13. Jahrhunderts begannen die führenden Schichten innerhalb der Stadt nach mehr Autonomie zu streben und sich zu organisieren, seit 1255 wurde ein Stadtrat gewählt. Als eine Niederlassung der Mainzer Bischöfe und Sitz zahlreicher Klöster war Erfurt auch das kirchliche und geistliche Zentrum der Region. Schon vor der Gründung der Universität im Jahr 1392 prägten Schulen und klösterliche Studienzentren das geistige Leben der Stadt.

Im 11. Jahrhundert war Erfurt die umkämpfte Basis der Machtansprüche der Mainzer Erzbischöfe in Thüringen. Eine Chronik berichtet, dass die Stadt im Jahr 1080 von den Truppen König Heinrichs IV. niedergebrannt wurde. Obwohl es keine archäologischen Belege für die vollständige Zerstörung der Stadt gibt, scheint zu dieser Zeit eine neue Siedlungsstruktur entstanden zu sein.

In diesem Zusammenhang wurde im späten 11. Jahrhundert die erste Synagoge errichtet. Dieser Bau ist das früheste Zeugnis einer jüdischen Siedlung in Erfurt und bildet zusammen mit den umliegenden Grundstücken den Kern des mittelalterlichen Judenviertels. Das erste Synagogengebäude wurde wahrscheinlich als privates Bethaus an der Schnittstelle von mindestens drei großen Grundstücken errichtet. Zu dieser Zeit

Marcel Krummrich © Stadtverwaltung Erfurt

Die Alte Synagoge in Erfurt.

bestand die jüdische Siedlung vermutlich nur aus wenigen Familien. Wie das Synagogengebäude in dieser frühen Zeit aussah, lässt sich nicht genau rekonstruieren. Gleiches gilt für die zweite Bauphase ab dem 12. Jahrhundert.

Es ist kein Zufall, dass dieses frühe Synagogengebäude als Zentrum der jüdischen Siedlung direkt am Kreuzungspunkt

Zeichnung: Albrecht von Kirchbach © Stadtverwaltung Erfurt

Das jüdische Quartier im Jahr 1293.

der Haupthandelswege liegt, die nun fest etabliert waren. Hier entwickelte sich das jüdische Viertel. Die mittelalterliche jüdische Gemeinde in Erfurt besaß bereits im 12. Jahrhundert eine Synagoge, eine Mikwe und vermutlich auch einen Friedhof. Das erste schriftliche Zeugnis zur jüdischen Gemeinde ist der *Erfurter Judeneid*, der Ende des 12. Jahrhunderts entstand. Er dokumentiert die bestehenden rechtlichen Kontakte zwischen Juden und Christen und die Notwendigkeit, diese zu regeln. Die ersten jüdischen Familien lassen sich im frühen 13. Jahrhundert namentlich nachweisen. In den folgenden Jahrzehnten wuchs die jüdische Siedlung stetig. In der Mitte des 13. Jahrhunderts wurde eine neue Mikwe gebaut und um 1270 eine große, repräsentative Synagoge, in die ältere Teile integriert wurden.

Im gleichen Zeitraum wird das Bild der jüdischen Siedlung klarer: Anhand von Steuerlisten lassen sich die jüdischen Hausbesitzer und Bewohner des Judenviertels seit dem Ende des 13. Jahrhunderts nachweisen und damit kartieren. Das jüdische Viertel befand sich in der Flussbiegung der Gera, zwischen Kaufmannsbrücke, Rathaus und Michaeliskirche. In diesem Gebiet siedelten sich vor allem Juden in unmittelbarer Nähe zueinander und zu ihren Gemeindeeinrichtungen an, aber auch Christen lebten in dieser Gegend. Die Synagoge bildete das Zentrum des Viertels. Etwa 100 Meter entfernt, am Ufer des Flusses, befand sich die Mikwe. Der Friedhof lag – wie vorgeschrieben – außerhalb der Stadtmauer, einen halben Kilometer nördlich des jüdischen Viertels. Die jüdische Gemeinde wuchs weiter – in der ersten Hälfte des 14. Jahrhunderts lassen sich deutlich mehr Familien im jüdischen Viertel nachweisen, und Juden und Christen scheinen hier in einer recht friedlichen Koexistenz gelebt zu haben. Doch das änderte sich am 21. März 1349.

Das Pogrom von 1349

Die Welle der Verfolgungen der jüdischen Bevölkerung, die sich im Zusammenhang mit dem Ausbruch der Pest in Südeuropa von dort aus nach Norden ausbreitete, erreichte Erfurt. Nach wochenlanger Vorbereitung wurde die jüdische Gemeinde an einem Samstag, dem jüdischen wöchentlichen Ruhetag Schabbat überfallen, als die Männer in der Synagoge beteten. Die gesamte Gemeinde wurde ausgelöscht, etwa 300 bis 400 Menschen wurden ermordet.

Anders als an anderen Orten ist die Quellenlage zu dem Pogrom in Erfurt außergewöhnlich gut. Unter den Quellen stellen Verhörprotokolle und eine vom Erfurter Stadtrat ausgesprochene Verurteilung eine Besonderheit dar. Beides ist in einem Kopialbuch aus dem 16. Jahrhundert im Erfurter Stadtarchiv überliefert, in dem für die Stadt wichtige Dokumente abgeschrieben und so dokumentiert wurden. Der Schreiber griff wohl auf Vorlagen zurück, die heute nicht mehr erhalten sind. Das Kopialbuch führt zudem nur drei Verhöre und 17 Namen auf, was angesichts der Zahl von 40 Verurteilten unvollständig erscheint. Weitere Fehlerquellen sind die unter der Folter gemachten Aussagen selbst.

Trotz dieser Bedenken ist das Verhörprotokoll eine sehr aufschlussreiche Quelle, da es den Ablauf des Pogroms detailliert schildert. Im Vorfeld hatten sich die Verschwörer an verschiedenen Orten in der Stadt getroffen, zum Teil in Häusern von Ratsfamilien, um Verbündete zu gewinnen und den Angriff zu planen. Dieser gestaltet sich dann sehr strukturiert: Man versammelte sich außerhalb des jüdischen Quartiers, um am Samstagmorgen des 21. März 1349 konzertiert anzugreifen. Außerhalb des Stadtzentrums wurde zwar ein Teil der Angreifer festgesetzt. Der Großteil traf sich jedoch vor der Allerheiligenkirche. Hugo Lange, Mitglied einer alten Ratsfamilie, sollte die Verschwörer eigentlich im Auftrag des städtischen Rats davon abhalten, die Juden anzugreifen – er tat jedoch das Gegenteil: Er gab nicht nur detaillierte Anweisungen zum strategisch günstigen Vorgehen, sondern sprach: »Rüstet euch, endet was ir zu enden habt, euch hindert hieran nymandt.«

Das Pogrom führte zu erheblichen Veränderungen in der Stadtstruktur. Teile des Viertels brannten während des Angriffs nieder – wie archäologische Funde zeigen und eine frühe Chronik bereits berichtet. Die Stadt nahm anschließend das Eigentum der ermordeten Juden und der jüdischen Gemeinde in Besitz. Die Synagoge mit ihrem Hof und der Friedhof wurden direkt an eine christliche Familie verkauft, und die Synagoge wurde zu einem Lagerhaus umgebaut. Die anderen ehemaligen jüdischen Gebäude wurden von der Stadt für die eigene Nutzung behalten. In den Jahren 1350–1354 errichtete der Stadtrat beispielsweise die große städtische Waage auf einem ehemaligen jüdischen Grundstück, wofür sie ein bereits bestehendes Gebäude umbauen ließ. Sehr bald kaufte der Rat sogar den Friedhof zurück und erwarb später auch einige andere Grundstücke von christlichen Familien.

Der Erfurter Schatz ist nicht der einzige Fund dieser Art, der mit einem Pogrom um die Mitte des 14. Jahrhunderts in Verbindung gebracht werden kann. Wahrscheinlich haben Juden überall in Europa versucht, ihr wertvolles Hab und Gut in Sicherheit zu bringen, indem sie es verbargen. Doch nur in seltenen Fällen blieben diese Verstecke Jahrhunderte lang unentdeckt. Zwei weitere Beispiele sind die Schatzfunde von Colmar und Weißenfels – beide wurden während der Pogromwelle 1348–50 verborgen und erst im 19. Jahrhundert wiederentdeckt. Diese Schatzfunde enthielten wie der Erfurter neben Münzen zahlreiche weltliche Goldschmiedearbeiten, wie sie sonst kaum überliefert sind. Im Mittelalter beurteilte man Schmuckstücke und Gefäße aus Edelmetall vor allem nach dem Materialwert, neben ihrer eigentlichen Funktion stellten sie auch eine Wertanlage dar. Daher wurden sie bei Bedarf versetzt, verkauft oder eingeschmolzen. Zusätzlich führten schnell wechselnde Moden dazu, dass »altmodische« Gegenstände zu neuen, moderneren Schmuckstücken umgearbeitet wurden. Daher ist heute in Europa wohl nur noch weniger als ein Prozent des ursprünglichen Bestands an gotischen Goldschmiedearbeiten erhalten. Schatzfunde wie der Erfurter stellen demnach auch eine unschätzbare Quelle zum Verständnis weltlicher mittelalterlicher Goldschmiedekunst dar. Zudem sind allein über Schatzfunde dieser Art mittelalterliche jüdische Hochzeitsringe überliefert – diejenigen aus Erfurt, Colmar und Weißenfels.

Zeichnung: Albrecht von Kirchbach © Stadtverwaltung Erfurt

Das jüdische Quartier vor dem Pogrom vom 21. März 1349.

Kalman von Wiehe – der ehemalige Besitzer

Nur in sehr seltenen Fällen können die ehemaligen Besitzer archäologischer Funde identifiziert werden. Neben der Zuordnung über eine Inschrift oder ähnlichem ist eine weitere Möglichkeit die Identifizierung des ehemaligen Eigentümers eines Grundstücks, auf dem der Fundort liegt.

Zum Zeitpunkt des Pogroms von 1349 gehörte das heutige Grundstück Michaelisstraße 43, auf dem 1998 der Erfurter Schatz gefunden wurde, wohl Kalman von Wiehe. In einem Register, das die Besitzverhältnisse von 1349 widergibt, findet sich folgender Eintrag: *Kalman de Wye de curia quondam Bonefaent sita apud curiaz bye dem hoen wege apud Megerus iiij or den:* Das bedeutet, der Erfurter Jude Kalman von Wiehe zahlte Freizinsen, vergleichbar mit Haussteuern, für sein Grundstück am Hohen Weg – dem späteren Schatzfundort.

Kalman von Wiehe war im Geldhandel tätig und gehörte zu einer Gesellschaft von Kreditgebern, die sich unter der Leitung der Jüdin Jutta Kophelin zusammengeschlossen hatten und zahlreiche Kredite vergaben. Ihre Kredite forderte der Erfurter Rat nach dem Pogrom teilweise von den Schuldnern zurück. Im Rahmen der Auseinandersetzungen des Erfurter Rates mit einigen der Schuldnern wird Kalman von Wiehe als Gesellschafter von Jutta Kophelin genannt. Der Namenszusatz »von Wiehe« bezieht sich wohl auf die Stadt Wiehe nördlich von Erfurt und benennt die Herkunft Kalmans oder seiner Vorfahren. Vor 1349 war Wiehe neben Erfurt die einzige Stadt im thüringischen Raum, in der Kreditgeschäfte von Juden nachweisbar sind.

Als Geldhändler scheint Kalman von Wiehe Münzen und silberne Barren im Wert von 100 Mark Silber dauerhaft im Keller seines Hauses verborgen zu haben, denn Münzen und Barren befanden sich ursprünglich wohlverwahrt in einem Keramikgefäß. Die anderen Objekte im Schatz wurden eigentlich verwendet: man trug die Schmuckstücke an der Kleidung und nutzte die Gefäße zum Essen und Trinken, was Spuren an ihnen auch belegen. Erst später wurden sie am selben Ort wie die Münzen versteckt. Reste von Nähfäden an Gewandbesatzteilen zeigen, dass sie nicht sehr sorgfältig von Kleidungsstücken abgetrennt wurden und sprechen damit für eine relativ hastige Verwahrung. Dies geschah möglicherweise erst kurz vor dem Pogrom vom 21. März 1349, bei dem Kalman von Wiehe wie alle Erfurter Juden ermordet wurde – was auch die Rückforderungen der ausstehenden Kredite nach 1349 belegen. So kam er nicht mehr dazu, sein rechtmäßiges Eigentum wieder in Besitz zu nehmen. Allerdings wurde sein kostbares Hab und Gut auch nicht entdeckt, als der Erfurter Rat, wie die *Hogelsche Chronik* im 17. Jahrhundert berichtet, nach dem Pogrom »alle von den Juden hinterlassenen Gelder, Kleinodien, Pfänder, Kleider und Geräthe suchen, und was nicht baar Geld war, losschlagen und verkaufen lies, es belief sich aber die gantze Summe solches gefundenen und gelöseten Geldes [...] auf 3410 Mark« – was in etwa einem 35-fachen des Wertes des Erfurter Schatzes entspricht. Dieser Schatz war also nicht der einzige oder der größte – sondern nur derjenige mit dem am besten vorbereiteten Versteck.

So kann er uns heute beispielhaft Auskunft darüber geben, welch kostbare Schmuckstücke und silberne Gefäßen in einem wohlhabenden jüdischen Haushalt im 14. Jahrhundert vorhanden waren und genutzt wurden. Diese unterschieden sich in keiner Weise von der Ausstattung eines vergleichbaren christlichen Haushaltes und spiegeln damit die gemeinsame Sachkultur von Juden und Christen im Mittelalter.

Fazit

Der Erfurter Hochzeitsring gehört zu einer Gruppe jüdischer Ringe, die eine äußerst lange Tradition haben. Spätestens seit dem Mittelalter war die Übergabe eines Rings ein fester Bestandteil jüdischer Hochzeiten in Aschkenas. Der Ring symbolisierte den Brautpreis und war somit ein sehr wichtiger Teil des Rechtsgeschäfts, das die Ehe darstellte. Ringe mit Miniaturgebäuden als Ringkopf sind seit dem 14. Jahrhundert und bis heute gebräuchlich. Mit ihrer typisch jüdischen Formensprache, angepasst an den jeweils herrschenden Stil der Zeit und der Region, stellen diese Ringe ein einzigartiges Phänomen als jüdische Kunstwerke dar.

Zudem ist der Erfurter Ring ein außergewöhnliches materielles Zeugnis eines historischen Ereignisses, da seine Verbergung direkt mit dem Pogrom vom 21. März 1349 in Verbindung gebracht werden kann. Dieses wunderschöne und exquisit gearbeitete Kunstwerk verdankt seine Überlieferung ausgerechnet einem solch furchtbaren Ereignis, und zeigt, wie widersprüchlich Überlieferungsgeschichte sein kann.

Brigitte Stefan © Thüringisches Landesamt für Denkmalpflege und Archäologie

Jüdischer Hochzeitsring aus dem Erfurter Schatz, Detail (erste Hälfte des 14. Jahrhunderts).

Literatur

Maria Stürzebecher: Der Schatzfund aus der Michaelisstraße in Erfurt. In: Sven Ostritz (Hg.): Die mittelalterliche jüdische Kultur in Erfurt Band 1. Der Schatzfund: Archäologie – Kunstgeschichte – Siedlungsgeschichte. Langenweißbach 2010, S. 60–323

Christian Maria Weigelt: Das Erfurter Pestpogrom 1349. Eine kritische Rekonstruktion. In: Landeshauptstadt Erfurt and Universität Erfurt (Hg.): Die Erfurter jüdische Gemeinde im Spannungsfeld zwischen Stadt, Erzbischof und Kaiser. Erfurter Schriften zur jüdischen Geschichte Bd. 4, Jena and Quedlinburg 2016, S. 30–122.

Maria Stürzebecher: Kalman von Wiehe und der Erfurter Schatz. In: Heimat Thüringen, 2020, S. 10–12

Maria Stürzebecher: Jewish Wedding Rings with Miniature Architecture from Medieval Europe. In: Arts 2022, 11(6), 131, Special Issue »Medieval Finger Rings from Christian and Jewish Contexts«, S. 1–15